Das Buch

Ohne ein Handy, das über das mobile Internet Kontakt zur Welt herstellen kann, wäre ein heutiger Flüchtling verloren. Faiz gibt in diesem Chat alles preis, seinen Mut, aber auch seine Enttäuschungen. Und auch seine Chatpartnerin Julia Tieke, die sich immer wieder bei ihm aus dem fernen Deutschland mit Hilfevorschlägen meldet, ist oft überfordert, aber sie gibt nicht auf. Ein seltenes Dokument über Menschenliebe, Hoffnung, Traurigkeit. Mit bewegenden Handy-fotos: eine Hütte im mazedonischen Wald, ein Kleintransporter zum Gefängnis, eine Stromladestation in einem Dorf.

Die Autoren

Faiz, geboren 1987, hat in Aleppo englische Literatur studiert. 2011 schloss er sich den Protesten für Freiheit, Gerechtigkeit und Würde in Syrien an. In seiner Heimatstadt Manbidsch dokumentierte er als Medienaktivist Proteste und staatliche Repressionen gegen Aktivisten, gründete nach dem Rückzug des Regimes mit anderen Aktivisten ein Zentrum für Zivilgesellschaft und half, einen Sendemast für unabhängiges Radio zu betreiben. Extremisten des „Islamischen Staats" übernahmen Anfang 2014 dauerhaft die Kontrolle der Region. Sie drohten Faiz wegen seiner zivilgesellschaftlichen Arbeit mit Enthauptung und zwangen ihn so ins Exil. In der Türkei konnte er seine Arbeit nicht fortsetzen und sah keine Perspektive, so dass er sich schließlich zur Flucht nach Deutschland entschloss. Zur Zeit lebt er mit Asyl in Schleswig-Holstein.

Julia Tieke, geboren 1974, hat in Hildesheim Kulturwissenschaften studiert und beschäftigt sich freiberuflich mit „text, sound & around". Seit 2007 ist sie Projektleitern der „Wurfsendung", dem ultrakurzen Hörkunst-Format von Deutschlandradio Kultur. Seit 2009 erarbeitet sie Features, Hörspiele und freie Audio-Projekte zum Nahen Osten/Nordafrika, beispielsweise mit dem „Alexandria Streets Project" (2012) und „Trading Urban Stories" (2014, beide mit Berit Schuck). Bei einer Recherchereise für ihr aktuelles Feature „Syria FM. Begegnungen mit Radiomachern zwischen Berlin und Aleppo" (Deutschlandradio Kultur 2015) hat sie Faiz in Gaziantep (Türkei) getroffen.

Faiz, Julia Tieke

Mein Akku ist gleich leer

Ein Chat von der Flucht

Inhalt

Inhalt 5

Im Wald 7

Die Hütte 11

Das Dorf 15

Ins Gefängnis 19

Die UN in Belgrad..23

Eine Wunde..27

Nach Belgrad...31

Rumänien 35

Epilog 37

Interview mit Julia Tieke. Von Sophie Weigand 38

Meine politische Arbeit geht weiter. Von Faiz.............44

Über den Verlag...47

Katalog...48

Im Wald

3. Oktober 2014

Julia: Salam, Faiz. Wo bist du? Ich hab von unserem Freund Hozan gehört, dass du unterwegs bist.

4. Oktober 2014

Faiz: Ich bin in Mazedonien, im Dschungel. Vielleicht gehe ich zurück nach Griechenland.
Julia: Kann ich dich irgendwie unterstützen?
Faiz: Ich weiß nicht. Wir leben wie Affen, zwischen den Bäumen.
Es ist unmöglich, nach Serbien zu gelangen. 14 Tage, inmitten von Bäumen.
Julia: Ich habe eine gute Freundin mit Freunden in Mazedonien. Ich ruf sie noch heute an. Wahrscheinlich leben die in Skopje.

Später am Tag

Julia: Es tut mir leid, dass du das alles durchmachen musst.
Skopje ist etwa 140 Kilometer weit weg von dort, wo du jetzt laut Facebook bist.
Faiz: Mein Akku ist gleich leer. Vielleicht gehe ich zur Polizei. Um diese furchtbare Reise zu beenden und nach Athen zurückzugehen.

Julia: Oh. Sie würden dich einfach zurück nach Athen schicken?

Faiz: Ja. Nachdem sie uns geschlagen haben.

Julia: Kannst du dein Handy aufladen?

Ich kann versuchen, über diese Freunde Geld zu schicken.

Faiz: Neiiiiin! Ich brauche kein Geld.

Julia: Ok.

Faiz: Wir müssen Menschen bleiben. Nur das.

Julia: Ja.

Faiz: In dieser schrecklichen Welt.

Julia: Du bist ganz sicher ein Mensch!

Faiz: Ja.

Julia: Du wirst also nach heute erstmal nicht mehr schreiben können?

Faiz: Ich werde probieren, das Handy in irgendeinem Dorf aufzuladen.

Julia: Versucht jemand aus Deutschland, dich hierherzuholen?

Faiz: Ist das möglich?

Julia: Ich bin mir nicht sicher. Ich werde es herausfinden.

Faiz: Ich schicke dir Fotos.

Julia: Ich weiß nicht, was ich sagen soll.

Faiz: Mach dir keine Sorgen.

Julia: Frohes Fest euch allen.

Faiz: Frohes Fest dir. Und vielen Dank.

Julia: Ich werde mich über die Leute in Mazedonien schlau machen.

Sind die anderen dort, bei dir, Syrer?

Faiz: Alles Syrer.

Julia: Ich schreibe, wenn ich mehr weiß. Halt mich auf dem Laufenden.

Faiz: Sag das nicht, also das mit der Unterstützung.

Julia: Ok. Warum nicht?

Faiz: Neiiiiin! Auf keinen Fall!

Julia: Wir brauchen alle manchmal Unterstützung.

Faiz: Ja, manchmal. In etwa fünf Minuten ist mein Akku leer.

Die Hütte

Am Abend

Julia: Hozan sagt, dass er mit dir in Kontakt ist.

Faiz: Ja. Mach dir um mich keine Sorgen.

Julia: Meine Freundin hat Kontakte in Serbien und Mazedonien, aber noch keine Reaktion von ihnen.

Faiz: Vielen Dank an dich und Hozan.

Julia: Noch nicht. Erst wenn du hier bist.
Wie ist deine Gruppe – sind die Leute gut zueinander?

Faiz: Ich habe in diesen 12 Tagen alles Schlechte gesehen. Ist für mich kein Problem.

Julia: Das klingt aber nach großen Problemen!

Faiz: Kälte, dreckiges Wasser, Lügner, Menschenhändler, Mücken.

Julia: Hast du irgendeinen Plan? War Griechenland besser?

Faiz: In Griechenland war ich vor 15 Tagen.
Der Akku ist gleich leer.

Julia: Ok.

Faiz: Ich bin nach Mazedonien gekommen, um nach Serbien weiterzugehen und so weiter.

Julia: Gehst du jetzt zur Polizei?

Faiz: Ich versuche, in ein Dorf zu kommen.

Julia: Pass auf dich auf, aber wer bin ich, dir das zu sagen?! Wie kommst du an Informationen zu den Grenzen?

Faiz: Ich weiß nicht ... Alle Informationen kommen hier von Menschenhändlern, alles Lügner!

Julia: Ja. Die sind sicher furchtbar.

Faiz: Ich bin vor etwa 27 Tagen in der Türkei gestartet. Mach dir keine Sorgen.

Julia: Das ist schwierig.

Faiz: Wir sind daran gewöhnt, überall Horror zu erleben. Am Ende werden wir ankommen.

Julia: Und wir werden eine große Party feiern.

Auf jeden Fall bist du nicht vergessen.

Faiz: Ich liebe Geduld.

Julia: Haha! Das ist gut. Ich bin nicht sehr geduldig.

Faiz: Dir und Hozan vielen Dank, und mach dir keine Sorgen um mich. Wir haben das gelernt.

Julia: Keine Ursache.

Ja, ihr habt viele Dinge gelernt, die niemand lernen müssen sollte. Aber ich denke auch, dass du am Ende ankommen wirst. Ich meine das ernst, mit dem Geld, wenn du welches brauchst. Es ist ja nur verdammtes Geld.

Faiz: :-@

Julia: Beruhig dich!

Faiz: Meine Hütte spendet mehr Trost als deine Worte. Bitte sag das nie wieder.

Julia: Tröstlicher als meine Worte – hmmm.

Ok. Tut mir leid.

Faiz: Ich meinte deinen letzten Satz.

Julia: Ich weiß.

Dein Schlafplatz sieht nett aus.

Faiz: Ok. Tut mir leid. Und vielen Dank an dich und Hozan.

Julia: Sag nie wieder, dass es dir leid tut.

Gute Nacht.

:-)

Faiz: :-)

Dir auch eine gute Nacht.

Julia: Ich muss los, bis bald. Pass auf dich auf.

Faiz: Mach dir um mich keine Sorgen, und es tut mir leid, wenn ich dich verletzt habe.

Das Haus da, auf dem Foto, habe ich selbst gebaut.

Julia: Ich sagte, sag nie wieder Entschuldigung.

:-)

Faiz: :-)

Ich lade Hozan und dich ein, in meinem Haus Süßigkeiten zu essen. Zum Opferfest!

Julia: Ja, wir kommen bald.

Faiz: Ok. Aber es gibt hier große Mücken.

Julia: Egal. Wir bringen Mücken-Killer mit.

Faiz: Ok. Ich warte auf euch.

Julia: Weiß nicht, du könntest viele Stiche bekommen, bis wir da sind. Wir treffen uns einfach auf halbem Weg.

Faiz: Hab ich ja schon. Mein Gesicht ist voller Stiche. Aber heute ist es kalt, da gibt es nachts keine Moskitos.

Später am Abend

Julia: Ich bin jetzt im Theater.

Faiz: Toll.

Julia: Tut mir leid, bis bald!

Faiz: Ich mag Theater!

Julia: Frier nicht zu sehr.

Faiz: Vielen Dank nochmal.

Julia: Keine Entschuldigung, kein Danke!! Bleib in Verbindung.

Faiz: Ok.

Das Dorf

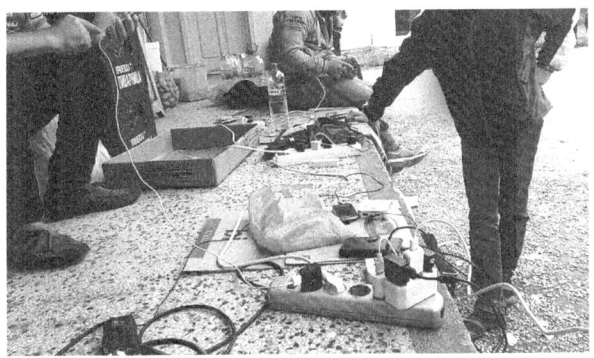

Julia: Guten Morgen. Ich hoffe, du konntest ohne Mücken schlafen.

Faiz: Danke, ja. Ich bin in einem Dorf und lade jetzt mein Telefon auf.

Julia: Gut! Wo kannst du es aufladen? Gibt es dort nette Leute?

Faiz: Ja. Sie sind sehr, sehr gut.

Julia: Super. Freut mich zu hören, dass es dort gute Menschen gibt.

Faiz: Hier sind alle gut.

Julia, ich will dich um eine Sache bitten: Frag deine Freunde in Mazedonien nicht um Hilfe. Wenn sie von der Polizei erwischt werden, werden sie fünf Jahre inhaftiert. Mazedonische Gesetze. Ich will niemandem schaden.

Julia: Lieber Faiz, ok. Die gleichen schrecklichen Gesetze in ganz Europa ... Mal sehen.

Faiz: Ok.

Julia: Darum machen so viele Leute Geld mit Flüchtlingen. Das mit der europäischen Politik tut mir leid.

Faiz: Mach dir keine Sorgen, manchmal sind Gesetze wichtig. Mein Bruder hat hier vor 15 Jahren studiert.

Julia: In Mazedonien studiert?

Faiz: Als es noch Jugoslawien war. Vielleicht vor mehr als 15 Jahren.

Julia: Wo ist deine Familie jetzt? In Syrien?

Faiz: Manche in der Türkei, andere in Syrien.

Am nächsten Tag

Julia: Hey, Faiz, ich hab nichts Neues, wollte nur Hallo sagen. Hoffe, es geht dir gut.

Am übernächsten Tag

Julia: Was ist passiert?

Noch einen Tag später

Faiz: Hallo. Mir geht's gut.
Ich bin nahe der Grenze zu Serbien. Nach einem sehr harten Fußmarsch. 110 Kilometer.

Julia: Gut von dir zu hören. Hast du das hier schon gelesen? Es gibt noch mehr Grenzkontrollen in der zweiten Oktoberhälfte!

„Reisewarnung!

Vom 13.-26.10. findet in der gesamten EU eine Polizei-operation unter dem Namen mos maiorum statt. In diesen zwei Wochen werden etwa 18.000 Polizisten in enger Zusammenarbeit mit FRONTEX auf Jagd nach Menschen ohne Aufenthaltsstatus gehen. Sie wollen unsere Migrationswege herausfinden und möglichst viele von uns festnehmen.

Warnt bitte alle Menschen ohne Papiere! Vor allem in Zügen, auf Bahnhöfen, an Flughäfen, auf Autobahnen und an innereuropäischen Grenzen sind vermehrt Kontrollen zu erwarten.

Gegen die Festung Europa!

Kein Mensch ist illegal!"

Faiz: Da stecke ich ja richtig in der Scheiße. Sie werden uns also zurückschicken? Sie werden uns nicht mit Kusshand empfangen?

Hahaha. Kein Problem. Wir Syrer werden als Tiere betrachtet. In allen Ländern dieser Welt.

Julia: Bist du in der Türkei?

Faiz: Neeeeeiiiin. Ich bin in Mazedonien. An der Grenze zu Serbien.

Julia: Facebook sagt, du bist in der Türkei.

Faiz: Hahaha.

Julia: Echt! Vorher hieß es Mazedonien, jetzt „Sümer, Türkei".

Faiz: Facebook ist verrückt geworden.

Julia: Vielleicht besser so.

Faiz: Ich wäre jetzt gerne in der Türkei.

Julia: Warum bist du weggegangen?

Faiz: Aus der Türkei?

Julia: Ja.

Faiz: Weiß nicht. Machen doch alle. Ich wollte die Türkei überhaupt nicht verlassen. Aber ich hatte wohl jede Hoffnung verloren.

Julia: Ok, verstehe.

Faiz: Als ich hörte, dass sie jetzt ISIS bekämpfen, hatte ich wieder Hoffnung. Aber es war zu spät. Ich war schon in Griechenland.

Julia: Leider wird es nicht so schnell vorbei sein.

Faiz: Ich wollte zurückgehen, aber das ist schwierig.

Julia: Du willst wirklich zurück in die Türkei?

Faiz: Ja, nachdem ich gesehen habe, dass die ganze Welt jetzt ISIS bekämpfen will.

Julia: Und jetzt?

Faiz: Es ist schwierig zurückzugehen.

Julia: Tut mir leid, wenn ich zu viele Fragen stelle.

Faiz: Ich wurde gesucht, vom Regime und von ISIS.

Julia: Bist du jetzt an einem sicheren Ort? Hast du gegessen? Noch mehr Fragen ...

Faiz: Mach dir keine Sorgen.

Julia: Ich versuch's.

Faiz: Ich habe alle Probleme gelöst.

Julia: Hahaha. Klar! Ich hoffe, sie sind bald gelöst.

Faiz: Haha, es war eine verrückte Reise!

Julia: Eines Tages möchte ich die ganze Geschichte hören.

Ins Gefängnis

10. Oktober 2014

Faiz: Ich wurde gerade von der serbischen Polizei erwischt. Sie werden uns wieder zurück nach Mazedonien bringen.
Julia: Das tut mir so leid!

Am nächsten Morgen

Faiz: Ich bin jetzt im Gericht. Ich komme zehn Tage ins Gefängnis.
Julia: Oh.
Faiz: Wir wurden in einem Auto erwischt.
Julia: Welche Stadt?
Faiz: Weiß nicht. Serbien.
Julia: Was machen sie nach zehn Tagen?
Faiz: Uns über die mazedonische Grenze bringen. Die Polizei hat mich geschlagen.
Julia: Shit.
Faiz: Tschüss.
Julia: Kopf hoch.

Etwas später

Faiz: Preševo city.
Julia: Hast du dein Handy im Gefängnis dabei?

Julia: Es tut mir so leid, dass ich nicht viel tun kann.

Faiz: Ich weiß. Ich werde zehn Tage dort bleiben.

Julia: Ich kann in Kontakt bleiben und versuchen aufmunternde Worte zu finden, aber das ist auch schon alles. Und mich für bessere Gesetze und Flüchtlingspolitik einsetzen.

Faiz: Mach dir keine Sorgen.

Julia: Wenigstens bist du nicht im kalten Wald. Ich hoffe, sie werden euch gut behandeln.

Faiz: Ja.

Julia: Kannst du das Handy behalten?

Faiz: Ich weiß nicht. Ich versuch's.

Julia: Du bist jung und stark und es werden bessere Zeiten kommen.

Faiz: Mach dir um mich keine Sorgen.

Julia: Lass niemanden deinen Charakter verändern. Du bleibst ein Mensch und wirst bessere Zeiten erleben.

Faiz: Nein. Die Welt sagt, dass wir keine Menschen sind.

Julia: Du bist mehr Mensch als viele andere.

Faiz: Ich habe jede Hilfe abgelehnt, weil ich mich nicht von den anderen Syrern unterscheiden wollte. Ich habe den gleichen schwierigen Weg gewählt.

Julia: Siehst du, du bist gut. Obwohl es manchmal vielleicht besser wäre, einen Weg zu gehen, der es dir möglich macht, dein Leben weiter zu führen.

Faiz: Ich mache mein Handy aus. Es ist ein Problem, wenn sie Nachrichten aus Serbien bei mir finden.

Julia: Ok. Versuch, nichts zu bereuen.

Faiz: Ok. Bleib in Kontakt.

Julia: Bleib stark, aber wein ruhig.

Faiz: Julia, vielen Dank.

Julia: Nein! Dank dir.

Die UN in Belgrad

Zehn Tage später, 21. Oktober 2014

Faiz: Ich danke dir sehr!
Julia: Wie geht es dir?
Faiz: Gut. Und du?
Julia: Mir geht es gut. Haben sie dich ok behandelt?
Faiz: Hahaha. Du würdest es nicht glauben.
Julia: Sehr schlecht?
Faiz: Sooo schlecht.
Julia: Tut mir leid. Weißt du, was du jetzt tun wirst?
Faiz: Schlecht. Alles ist schlecht.
Julia: Das ist traurig. Du wirst ganz sicher bessere Zeiten erleben. Pass auf dich auf.
Faiz (Audio-Nachricht): Julia, I am on the road to the jungle. So, the coverage of the internet is so bad. And I am really in the dark, beforehand me and my friends – we come to the village and buy some sandwiches and go back to the jungle. Ok, there is no problem. We will try, try again, try again. In the end, we will arrive to Germany.

Am nächsten Morgen

Faiz: Ich werde dir Nummern der UN in Belgrad geben. Ich sag dir, wenn du sie anrufen sollst.
Julia: Um was zu sagen?
Faiz: Nicht jetzt, später.

Julia: Ok.

Am nächsten Tag

Julia: Salam.
Faiz: Hallo.
Julia: Wie geht's?
Faiz: Wie allen Syrern. Und dir?
Julia: Mir geht's gut.

Am übernächsten Tag

Julia: Dein Leben wird eines Tages besser sein.

Noch einen Tag später

Faiz: Zurück ins Gefängnis.
Julia: Oh, nein!
Faiz: Ich warte auf mein Urteil.
Julia: Es tut mir so leid!
Faiz: Ich wurde gestern festgenommen und alles geht von vorne los. Ich bin 40 Kilometer gelaufen.
Julia: Soll ich bei den Telefonnummern anrufen?
Faiz: Ja, morgen. Das Gefängnis ist soooo schlimm!
Julia: Wurdest du wieder geschlagen? Bist du allein?
Faiz: 70 Syrer wurden gefangen.
Julia: Wow. Bist du jetzt im Gericht?
Faiz: Ich bin im Bus auf dem Weg dorthin.
Julia: Werden es wieder 10 Tage sein?

Faiz: Ich schätze schon. Ich bin in Nisch.

Julia: Ok. Haben sie dir dein Handy wieder abgenommen?

Faiz: Ja, gestern. Ich habe ein neues besorgt.

Julia: Gut. Gut, dass du ins Internet kommst.

Faiz: Wir warten.

Julia: Worauf?

Faiz: Auf das Urteil.

Julia: Seid ihr nur Männer? Oder auch Frauen und Kinder?

Faiz: Drei sind unter 18. Alles Männer.

In diesem Wagen wurden wir erwischt:

Julia: Werden sie einige wieder freilassen und andere inhaftieren?

Faiz: Weiß nicht. Ich denke, wir sind einfach keine Menschen in den Augen dieser Welt.

Julia: Doch, seid ihr.

Faiz: Diese Welt ist ein Wald.

Julia: Du wirst noch sehen, dass ein Wald schön sein kann.

Faiz: Wenn die UN hierherkommt, bringt sie uns nach Belgrad.

Julia: Und das wäre gut?

Faiz: Natürlich! Das würde unser Elend in Serbien beenden.

Julia: Ich ruf also an und bitte sie darum? Sie holen Flüchtlinge aus dem Gefängnis nach Belgrad? Wenn du Asyl beantragst?

Faiz: Ja.

Julia: Ok, gut!

Faiz: Sie geben uns 72 Stunden, um das Land zu verlassen. Und das reicht aus.

Julia: 72 Stunden, ab Belgrad?

Faiz: Das ist neu.

Julia: Es ist kompliziert.

Faiz: Ja.

Julia: Du lernst ganz schön viel. Sag mir, in welches Gefängnis sie dich bringen. Nisch ist schon viel weiter weg von der Grenze. Ihr müsst ganz schön weit gelaufen sein.

Faiz: Ich habe Hozan die Namen von allen hier genannt.

Julia: Gut.

Eine Wunde

Etwas später

Faiz: Bitte vergiss nicht, die UN anzurufen.

Julia: Mach ich.

Faiz: Morgen früh. Mehr als zehn Mal.

Julia: Na klar.

Faiz: Berichte ihnen von den schlimmen Bedingungen im Gefängnis: Hunger ... Syrer auf Flucht mit Kriminellen zusammengesteckt ...

Julia: Ok.

Faiz: Sie erlauben den Syrern nicht, auch nur irgendetwas zu kaufen.

Julia: Ich teile ihnen auch den Ort deiner Festnahme mit?

Faiz: Ja. Gib dein Bestes!

Julia: Ja. Sie schlagen euch auch?!

Faiz: Natürlich.

Julia: Sie sollen euch also rausholen. Hat das schon mal funktioniert?

Faiz: Ja. Seit einem Monat etwa.

Julia: Ok, gut.

Faiz: Bitte, probier alles!

Julia: Natürlich.

Faiz: Ich werde mein Telefon gleich abstellen.

Julia: Sie haben dein Telefon angestellt, als du das letzte Mal im Gefängnis warst.
Ich konnte das sehen.

Faiz: Ich bin so erschöpft.

Julia: Das kann ich mir vorstellen. Es tut mir leid für dich. Aber du bist jung und stark.

Faiz: Nicht mehr.

Julia: Hat dich jemand mit dem Messer verletzt?

Faiz: Nein. Hozan kann dir alles erzählen.

Julia: Ok.

Ein Bär, stimmt's?!

:-)

Faiz: :-)

Ja, stimmt.

Julia: Seid ihr jetzt im Gerichtssaal?

Faiz: Nein. Wir warten im Bus und auf der Polizeistation.

Julia: Ist das Foto von der Polizeistation? Sie sollten die Heizung anmachen.

Faiz: Ich brauche einen Rechtsanwalt.

Julia: Ok. Ich habe eine Flüchtlingsorganisation in Belgrad gefunden. Die rufe ich auch morgen an und frage nach Anwälten.

Faiz: Ich weiß nicht, was dann passiert.

Julia: Aber du willst einen Anwalt?! Ich ruf auf jeden Fall alle an. Gibt es einen Übersetzer für Arabisch-Serbisch?

Faiz: Englisch?

Julia: Ich meine, damit ihr die Polizisten versteht oder die Gerichtsverhandlung.

Faiz: Ich glaub nicht.

Julia: Noch kein Urteil?

Faiz: Vielleicht bringen sie uns morgen weg.

Julia: Du meinst nach Mazedonien?

Faiz: Nein. Sie sind durcheinander.

Julia: Hast du sie durcheinandergebracht?

Faiz: Haha. Nein. Heute bin ich zu müde dazu, aber gestern!

Julia: Gut! Gestern also.

Faiz: Haha. Sie haben mich über die Grenze gebracht und ich bin am selben Tag wiedergekommen.

Julia: Verrückt. Halt mich auf dem Laufenden.

Nach Belgrad

Zehn Tage später, 5. November 2014

Julia: Guten Morgen, Meister! Bist du raus aus dem Gefängnis?

Am nächsten Tag

Julia: Das ist ja super. Grüß alle. Die beste Nachricht des Tages!
Faiz: Sie hören nicht auf, mich zu umarmen! Ich soll dir und Hozan einen großen Dank ausrichten.
Julia: Gern geschehen.

Ein Freund von mir fliegt heute Abend nach Belgrad, für eine Woche. Ich will ihm etwas für dich mitgeben. Was hättest du gerne?

Etwas später

Julia: Hast du einen Ort zum Übernachten?

Faiz: Ja, ein Hotel.

Julia: Super!

Faiz: Sehr komfortabel. Ab jetzt kein Wald mehr.

Julia: Kein Wald.

Haben sie dich diesmal im Gefängnis besser behandelt?

Faiz: Es ist alles ein Abenteuer oder ein Roman.

Julia: Ja. Aber es liegt noch ein ganz schön weiter Weg vor dir.

Faiz: Und das syrische Problem ist auch nicht vorbei.

Julia: Nein.

Faiz: Ab jetzt wird es für mich einfach.

Julia: Einfach? Wirklich? Ich hoffe es sehr.

Faiz: Ich bin ans Gefängnis gewöhnt.

Julia: Hozan und ich haben uns heute sehr gefreut. Ich habe mit ihm gesprochen.

Faiz: Du und Hozan seid soooo gut.

Julia: Ich habe eine Frage: Ich habe deine Geschichte einer Radio-Redakteurin erzählt. Sie würde gerne eine Sendung mit unserer Facebook-Unterhaltung machen. Wärst du damit einverstanden, sie zu veröffentlichen?

Faiz: Ja, klar, alles. Es gibt nicht genügend Wörter für dich und Hozan. Wir brauchen ein neues Vokabular.

Julia: Ach, jetzt komm!

Faiz: Ich habe fast alles aufgeschrieben.

Julia: Erstmal will sie gerne unseren Dialog, was wir hier geschrieben haben. Später könnten wir vielleicht mit deiner ganzen Geschichte was machen.

Faiz: Ja, gerne. Wir können darüber reden. Es war eine verrückte Reise.

Julia: Du musst sehr glücklich darüber sein, heute in einem echten Bett zu schlafen.

Rumänien

11 Tage später, 17. November 2014

Faiz: Schlechtes Finale. Ich wurde von der rumänischen Polizei erwischt. Sie haben meine Fingerabdrücke.

Julia: Oh nein! Was passiert jetzt? Ich recherchier mal.

Faiz: So ein Pech.

Julia: Deutschland kann Leute nach Rumänien abschieben, aber es gibt Ausnahmen. Wo bist du jetzt? Polizei? Musst du entscheiden, ob du einen Asylantrag stellst? Weißt du das?

Faiz: Es ist mein Schicksal. Es ging nur um eine einzige Minute!

Julia: Es tut mir leid. Verlier nicht die Hoffnung.

Faiz: So ein Pech. Das ist keine Reise, das ist ein Roman. Jeder Tag ist ein schlechter Tag.

Julia: In Serbien warst du zuversichtlich. Tut mir leid, ich kann gerade nicht viel machen. Ich telefoniere morgen mal rum.

Faiz: Kein Problem. Ich geh einfach zurück nach Syrien. Ich bin ein Pechvogel. Immer werde ich erwischt.

Julia: Bist du in einer Gruppe unterwegs?

Faiz: Ich will einfach nur ein Mensch sein.

Julia: Bist du.

Am nächsten Morgen

Faiz: Ich bringe mich um.

Julia: Nein. Sag das nicht und mach das bitte auch nicht. Bist du in Kontakt mit Hozan?

Du bist zu jung um dich umzubringen. Außerdem solltest du nicht gerade das selbst tun, was ISIS nicht geschafft hat!!

Faiz: Tut mir leid. Aber ich bin einfach ein Pechvogel.

Julia: Ja, stimmt. Aber bitte sag das nie wieder. Ich habe mir wirklich Sorgen gemacht.

Faiz: Tut mir leid, Julia.

Julia: Wo bist du jetzt? In einem Lager?

Faiz: Ja. Ich werde versuchen, den Asylantrag zurückzunehmen. Aber wenn mich dann die Polizei an der Grenze erwischt, lande ich für ein Jahr im Gefängnis.

Julia: Oh nein!

Faiz: Ich weiß nicht, wieso mich mein Unglück ausgerechnet nach Rumänien gebracht hat.

Julia: Sei ein bisschen geduldiger. Du hast mir gesagt, dass du sehr geduldig bist.

Faiz: Für mich endet hier in Rumänien alles. Ich bin zu einem Witz geworden.

Epilog

Faiz hat die Flucht nach Deutschland schließlich geschafft. Er lebt zur Zeit mit Asyl in Schleswig-Holstein.

Interview mit Julia Tieke.
Von Sophie Weigand

Julia, dein Kontakt zu Faiz ist letztlich aus einem Radiofeature hervorgegangen, das von syrischen Radiomachern und ihren Verbindungen unter anderem nach Berlin handelte. Wie bist du auf dieses Thema gestoßen?
Freunde von mir arbeiten in der Berliner Nichtregierungsorganisation MICT, die das Radioprojekt „Syrnet" mit syrischen Radiomachern durchführt. Sie haben mir früh von dem Projekt erzählt, und als Radiomensch war ich begeistert von dem Vorhaben, UKW-Radio in, beziehungsweise für Syrien zu fördern. Und ich war natürlich neugierig, wer dort mit dem Medium Radio arbeitet, und wie das unter Kriegsbedingungen geschieht.

Welche Erfahrungen hast du in der Türkei mit dieser Art des Widerstands und der Opposition gemacht? Was kann das Radio leisten? Was bedeutet es für die Menschen?
Ich war beeindruckt von der Vielfalt kleiner und größerer Radioprojekte. Die Vorteile von Radio kommen in Kriegs- und Krisensituationen schnell zu tragen: Es ist technisch nicht kompliziert und teuer, es ist schnell. Mit Radio lässt sich außerdem sehr gut lokal arbeiten; man kann ganz spezifische, lokale Themen aufgreifen. In Syrien heißt das beispielsweise, Informationen darüber zu verbreiten, wo sich neue Checkpoints befinden, oder welche Wege passierbar sind.

Viele der syrischen Radiosender haben als reine Internetradios angefangen, einige haben eigene UKW-Frequenzen, andere teilen sich eine Frequenz. UKW-Radio ist – auf der Hörerseite – unabhängig von Internetzugang und sogar von der Stromversorgung, da man Kurbelradios nutzen kann. Damit ist es potentiell ein ideales Informationsmedium in Krisen- und Kriegssituationen.

Die Bedeutung für die Radiomacher selbst ist enorm. Sie lernen journalistisches Handwerk, können kreative Formate erfinden und spezifische Konzepte für Informationsbeschaffung und -verbreitung. Sie leisten eine Arbeit, die von ihnen selbst zumeist als sehr sinnvoll erlebt wird, und sie erhalten auch entsprechende Rückmeldungen, zum Beispiel über soziale Medien.

Ich selbst kann über die Seite der Hörerschaft in Syrien nur sehr mittelbar etwas sagen, da ich nicht vor Ort war, um das zu recherchieren. Wie stark also diese neu entstandenen, nicht-staatlichen Radios in Syrien genutzt werden, lässt sich kaum sagen. Der Aufbau einer pluralistischen Medienlandschaft ist natürlich sinnvoll, auch in Hinblick auf die Zukunft, die hoffentlich eines baldigen Tages Frieden bringen wird.

Wie kam es zum Dialog zwischen Faiz und dir? Hattet ihr bereits vor seiner Flucht in sozialen Netzwerken Kontakt?
Wir waren nach unserem Treffen in Gaziantep auf Facebook „befreundet". Als ich anfing, das Manuskript für mein Feature „Syria FM" zu schreiben, wollte ich

mit unserer Begegnung beginnen. Von unserem Gespräch damals hatte ich gar keine Tonaufnahme gemacht, weil es weniger ein Interview, als vielmehr ein Treffen zur Bücher-Übergabe war.

Dann erzählte mir Faiz, dass er in seinem Heimatort Manbij unter anderem für das Aufstellen einer UKW-Sendeanlage verantwortlich war. Ich war von seiner Arbeit und von ihm begeistert und wollte die Begegnung daher unbedingt für das Feature beschreiben. Als ich am Manuskript saß, fragte ich mich, was Faiz jetzt macht und wo er ist. Ich hatte von einem gemeinsamen Freund gehört, er sei in Griechenland, auf dem Weg nach Deutschland. Da nahm ich Kontakt auf, und mit meinem ersten Satz beginnt dann auch das E-Book.

Sicherlich fühlt man sich in einer solchen Situation unglaublich hilflos. Wie bist du mit dieser Hilflosigkeit umgegangen?
Der Dialog über einige Wochen im Herbst 2014 hatte eine starke Sogwirkung, Faszination und Hilflosigkeit zugleich.

Ich hatte das Gefühl, das einzig Konkrete, das ich für Faiz tun kann, ist, den Kontakt zu halten. Daher habe ich in dieser Zeit in meinem Handy die Benachrichtigungen für eingehende Nachrichten aktiviert, was ich sonst nie tue. In diesem Fall war es mir wichtig, gegebenenfalls sofort reagieren zu können. Damit habe ich mich aber auch unter Stress gesetzt, denn ich habe mich beispielsweise in einem Theater-Foyer, im Supermarkt oder auf einer Party befunden, wenn gerade eine neue Nachricht aus den

Wäldern Südosteuropas bei mir landete. Und da fühlt man sich hilflos. Die Asymmetrie unserer Lebensumstände war direkt, sozusagen symmetrisch, erlebbar, in der Gleichzeitigkeit des Chats, dem Live-Charakter der direkten digitalen Verbindung vom Lager im Wald in die Berliner Wohnung, vom Lastwagen eines Schleppers an den Bürotisch.

Von meinen Gefühlen der Hilflosigkeit und Wut, etwa auf die EU-Flüchtlingspolitik oder die Kriegsparteien, oder ganz konkret auf die Ereignisse, von denen Faiz mir berichtete, habe ich zunächst niemandem erzählt. Ich habe mir immer gesagt: „Mir geht es ja so gut hier, da kann ich mit solchen Sensibilitäten nicht kommen."

Das ist richtig und falsch zugleich.

Als ich mich bei meiner Zahnärztin wiederfand, weil ich wortwörtlich „die Zähne zusammen gebissen" und Schmerzen hatte, habe ich mir endlich erlaubt anzuerkennen, dass mich dieser Dialog auch belastet. Das war auch der Punkt, ab dem ich begonnen habe, Freunden von der Kommunikation zu erzählen. Aus den Gesprächen ist überhaupt die Idee entstanden, den Text als Dokument zu veröffentlichen.

Was ist dir aus den Gesprächen am deutlichsten in Erinnerung?
Zunächst das viele unbeholfene Bedanken und sich Entschuldigen. Wir kannten uns ja im Grunde gar nicht; das

war schon eine verrückte Situation. Dann der Versuch, trotz allem auch mal humorvoll zu sein.

Konntest du aus der Ferne tatsächlich Maßnahmen ergreifen? Im Text ist mehrmals die Rede davon, entsprechende Botschaften zu kontaktieren oder Geld zu schicken.

Viel konnte ich nicht machen. Ich war in Berlin in Kontakt mit Hozan, einem gemeinsamen Freund, der auch im Chat mehrfach erwähnt wird. Hozan ist selbst aus Syrien hierher geflohen und wusste konkreter, was möglich ist. Als Faiz in Serbien war, haben wir Kontakt zu NGOs dort aufgenommen und letztlich eine Anwältin in das Gefängnis geschickt, in dem Faiz und andere Flüchtende inhaftiert waren.

Durch neue serbische Gesetze war es möglich, dass sie eine Gruppe Syrer aus dem Gefängnis holt und sie 72 Stunden Zeit haben, das Land zu verlassen. Am gleichen Tag, als diese Gruppe nach Belgrad kam, flog ein Freund von mir dorthin, und ich konnte ihm etwas für Faiz mitgeben.

Was entgegnest du heute (erst recht) Menschen, die sich vor Flüchtlingsströmen und dem Fremden fürchten?

In meinem Umfeld begegne ich nicht vielen solcher Menschen, und ich kann natürlich niemandem seine Ängste nehmen. Grundsätzlich aber wundere ich mich darüber, wenn beispielsweise in Deutschland geborene

Menschen ihre per Geburt erhaltenen Privilegien gar nicht als solche wahrnehmen, ihnen nicht bewusst ist, wie privilegiert sie sind, und dass sie es dem reinen Zufall zu verdanken haben, in einem reichen und zunächst friedlichen Land wie Deutschland zu leben.

Welche Maßnahmen, glaubst du, wären in der europäischen Flüchtlingspolitik dringend überfällig?
Ich bin keine flüchtlingspolitische Expertin. Die Flüchtlingsräte und Pro Asyl haben vernünftige Vorschläge dazu erarbeitet. Eine Militarisierung an den EU-Außengrenzen und darüber hinaus, wie jetzt geplant, ist ganz sicher der falsche Weg.

Am Ende ist zu lesen, dass Faiz mittlerweile in Schleswig-Holstein lebt. Habt ihr noch Kontakt? Was sagt er selbst zu der Veröffentlichung eures Dialogs?
Wir haben noch Kontakt, und Faiz und ich werden zusammen zu Lesungen eingeladen.

Zunächst hatte ich auch aus dem Dialog ja ein Radio-Stück gemacht, und Faiz damals gefragt, ob er mit einer Veröffentlichung einverstanden ist. Er war zu der Zeit gerade in Rumänien, und der Ausgang seiner Flucht ungewiss. Er hat dennoch zugestimmt, man kann das auch im Text nachlesen.

Leicht gekürzte Version, zuerst erschienen am 26. Mai 2015 auf dem Blog Literatourismus:
http://literatourismus.net/2015/05/julia-tieke-im-interview.

Meine politische Arbeit geht weiter.
Von Faiz

Seit einem Jahr bin ich nun in Neumünster in Schleswig-Holstein. Es ist etwas langweilig hier, aber nicht so schlecht. Viele Leute sind nett, weniger nette gibt es auch – wie überall auf der Welt. Mittlerweile besuche ich den Sprachkurs Niveau 2. In vier Monaten, wenn ich ihn abgeschlossen habe, kann ich umziehen, nach Hamburg oder Berlin. Doch erst werde ich dann in die Türkei reisen, um mich mit AktivistInnen zu treffen. Zusammen wollen wir sehen, was wir weiter machen können gegen ISIS.

Mit vier anderen AktivistInnen aus Nordsyrien, die auch in Neumünster gelandet sind, arbeite ich jeden Tag weiter zu Syrien. Wir sammeln Nachrichten aus den von ISIS besetzten Gebieten und machen Medienarbeit. Einige Frauen aus unserer Gruppe sind in Manbij geblieben. Voll verschleiert haben sie mehr Möglichkeiten, Informationen zusammeln. Sie schicken uns regelmäßig Berichte über die Gräuel der Dschihadisten und die Arbeit der Opposition. Wir veröffentlichen dann die Geschichten und informieren die Medien.

Der Widerwillen gegen ISIS ist in Manbij groß. Aber derzeit können die Leute dort nichts machen, außer sich humanitär zu engagieren. Das ist zwar dringend notwendig, aber viel ist es nicht. Ich hoffe, dass die Freie Syrische Armee gemeinsam mit den kurdischen Kräften der PYD bald auch Manbij erreicht. Vielleicht kann ich dann zurückkehren?

Ich bin sehr froh über das, was Deutschland für die Flüchtlinge tut. Aber es wäre gut, wenn Europa auch etwas für Syrien tun würde. Syrien hat drei Probleme:

1. Assad-Diktatur
2. ISIS-Terroristen und
3. Al-Nusra-Islamisten.

Wir brauchen endlich Hilfe gegen diese drei.

Zuerst erschienen in adopt a revolution, Winter 2015/2016. Protokoll: Hannah Wettig

Über den Verlag

mikrotext ist ein digital-first-Verlag für neue Narrative und Texte mit Haltung, gegründet Anfang 2013 von Nikola Richter, weil sie digitalen Lesestoff für unterwegs vermisste. Für ihre Arbeit wurde sie mit dem Young Excellence Award des Börsenblatts ausgezeichnet. Der Schwerpunkt des Verlags liegt auf aktuellen literarischen Texten, die Zeitgenossenschaft dokumentieren und Perspektiven in die Zukunft schreiben. Sie sind inspiriert von Diskussionen in sozialen Medien und dem Blick auf internationale Debatten. Die meisten Texte erscheinen zunächst auf Deutsch, einige werden auch auf Englisch publiziert. Eine Auswahl ist auch gedruckt erhältlich.

Für aktuelle Informationen den **Newsletter** abonnieren (www.tinyurl.com/mikronews) oder www.mikrotext.de besuchen.

Verfolgen Sie mikrotext auch auf **Facebook** http://www.facebook.com/mikrotext oder auf **Twitter** @mkrtxt.

Katalog

Adrian, Stefan: *Bluffen. Ein Roman*. September 2014.

Adrian, Stefan: *Der Gin des Lebens. Drinklyrik*. Juni 2014.

Alassaf, Assaf: *Abu Jürgen. Mein Leben mit dem deutschen Botschafter*. Oktober 2015.

Bwansi, Patras; Ziemke, Lydia: *Mein Name ist Bino Byansi Byakuleka. Doppel-Essay*. Januar 2015. Auch erhältlich auf Englisch.

Christ, Sebastian: *Berliner Asphalt. Geschichten von Menschen in Kiezen*. Juni 2014.

Christ, Sebastian: *Ich bin privat hier. Eine Ukraine-Reportage*. Januar 2015.

Christ, Sebastian: *Mein Brief an die NSA. Auf der Suche nach meinen Daten*. Dezember 2013.

Faiz; Tieke, Julia: *Mein Akku ist gleich leer. Ein Chat von der Flucht*. April 2015. Auch erhältlich als gedruckte Ausgabe.

Fargo Cole, Isabel: *Ungesichertes Gelände. Liebesnovelle*. Dezember 2013.

Fischer, Jan (Hg.): *Irgendwas mit Schreiben. Diplomautoren im Beruf*. März 2014.

Fischer, Jan: *Ihr Pixelherz. Eine Love Story*. Juni 2015.

Franzobel: *Steak für alle. Der neue Fleischtourismus*. Juni 2013.

Geißler, Heike: *Saisonarbeit. Volte #2*. Dezember 2014.

Herzberg, Ruth: *Wie man mit einem Mann glücklich wird. Beobachtungen*. August 2015.

Khan, Sarah: *Der Horrorpilz. Eine unbefriedigte Geschichte*. Oktober 2013.

Kirsten, Caterina; Gerhardt, Katharina; Novel, Ariane; Richter, Nikola; Rudkoffsky, Frank O. Siegmund, Eva (Hg.): *Willkommen! Blogger schreiben für Flüchtlinge.* Dezember 2015.

Kluge, Alexander: *Die Entsprechung einer Oase. Essay für die digitale Generation.* März 2013.

Kuhlbrodt, Jan: *Das Elster-Experiment. Sieben Tage Genesis.* Juni 2013.

Mesch, Stefan; Richter, Nikola (Hg.): *Straight to your heart. Verbotene Liebe* 1995–2015. Juni 2015.

Mills, Alan: *Eine Subkultur der Träume. Auf Twitter.* Dezember 2015.

Palzer, Thomas: *Spam Poetry. Sex der Industrie für jeden.* Juli 2013.

Rinke, Moritz; Roth, Claudia u.a.: *Gezi bleibt. Stimmen zum Aufbruch in der Türkei.* Juli 2013.

Saeed, Aboud: *Der klügste Mensch im Facebook. Statusmeldungen aus Syrien.* Aus dem Arabischen von Sandra Hetzl. März 2013. Auch erhältlich als gedruckte Ausgabe und auf Englisch.

Saeed, Aboud: *Lebensgroßer Newsticker. Szenen aus der Erinnerung.* Aus dem Arabischen von Sandra Hetzl. März 2015. Gedruckt erschienen bei Spector Books.

Sargnagel, Stefanie: *In der Zukunft sind wir alle tot. Neue Callcenter-Monologe.* März 2014.

Zeegen, Chloe: *I love myself ok? A Berlin Trilogy.* Oktober 2013.

Neue starke Stimmen
bei mikrotext

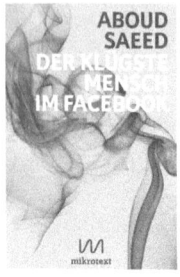

Aboud Saeed. Der klügste Mensch im Facebook. Statusmeldungen aus Syrien

Damals noch Metallarbeiter in einer Kleinstadt bei Aleppo eröffnete Aboud Saeed 2011 mit Beginn der syrischen Revolte gegen das Assad-Regime seinen Facebook-Account. Seitdem ist er mit seinen dreisten und intimen Geständnissen über den Alltag, mit seiner Chronik eines zerstörten Landes, seiner schwarzen Poesie zu einem literarischen Underground-Star geworden.

„Saeed ist eine der wichtigsten Stimmen der jungen syrischen Generation." (Zenith)
„Der syrische Bukowski." (ZDF/Aspekte)
„Lest dieses Buch! Es ist der Hammer!" (Der Tagesspiegel)

**Assaf Alassaf: Abu Jürgen.
Mein Leben mit dem deutschen
Botschafter**

Träumen wir nicht alle davon, uns mit den Behörden dieser Welt gut zu stellen? Noch besser, wenn ein deutscher Botschafter unser Freund wäre! Doch während die Bürokratie langsam oder besser: gar nicht mahlt, entpuppt sich die Geschichte dieser hier erzählten scheinbaren Zweckfreundschaft als etwas völlig anderes. Bald sind die Rollen vertauscht. Der vermeintliche syrische Bittsteller hilft dem Diplomaten aus den absurden Schlamasseln, in die dieser sich verstrickt: eine durch Taubenzüchtung ausgelöste Ehekrise, ein aussichtsloser Investitionsplan für das Botschaftsgelände, ein wahnwitziges Fotoshooting.

„Sehr lesenswerte Groteske." (radioeins)
„Eine Entdeckung: eine Perle in dieser Flüchtlingsdebatte."
(ZDF/Aspekte)
„Geradezu existenzialistische Tiefe, gleichzeitig …
lockerleichtes Fabulieren, diese arabische Erzähltradition."
(Deutschlandradio)
„Das Buch der Stunde." (Literarische Welt)

© mikrotext, Berlin 2016
www.mikrotext.de

Unveränderter Nachdruck der 1. Auflage 2016
Zuerst erschienen im April 2015 als E-Book unter dem Titel
Mein Akku ist gleich leer
Alle Rechte vorbehalten.

Übersetzung und Bearbeitung: Julia Tieke
Fotos: Faiz
Lektorat: Nikola Richter
Cover und Satz: Andrea Nienhaus
Coverfoto: pixabay.com – CC0 1.0
Schrift: PTL Attention/Viktor Nübel
Printed in Germany

ISBN 978-3-944543-31-4